Dr. Wichern

Der Dienst der Frauen in der Kirche

Dr. Wichern

Der Dienst der Frauen in der Kirche

ISBN/EAN: 9783743470699

Hergestellt in Europa, USA, Kanada, Australien, Japan

Cover: Foto ©ninafisch / pixelio.de

Weitere Bücher finden Sie auf **www.hansebooks.com**

Dienst der Frau

in der

Kirche.

Von

Dr. Wichern

Zweite Auflage

Hamburg 1...

Verlag des Rauhen Hauses

Die nachstehenden Blätter enthalten im Wesentlichen den vom Herausgeber auf dem Lübecker Kirchentage im September 1856 gehaltenen Vortrag. Derselbe möchte sich seiner Natur nach zu einer Veröffentlichung in dieser Form weniger eignen; aber der Herausgeber hat dem Wunsche der Vielen, die einen solchen besondern Abdruck gewünscht, nicht entgegen sein wollen. Es ist ja möglich, daß das Wort auch in dieser Gestalt noch in weiteren Kreisen Segen bringt; jedenfalls kann nicht oft genug wiederholt werden, zu welchem hohen Berufe der Herr die Familie begabt hat und was für eine wichtige, bis in die Ewigkeit hinüberragende Aufgabe der Frau in ihrem Hause zu Theil geworden.

P.

Unter den Erbarmungen der göttlichen Liebe ist eine der reichsten und tiefsten die, welche über dem weiblichen Geschlechte offenbar geworden. In den Hütten der Aermsten, wie auf den Thronen der Herrlichen, in der stillen Zurückgezogenheit des häuslichen Heerdes, wie in weitstrahlenden Ereignissen der christlichen Geschichte hat sich diese göttliche Liebe durch Errettung der Frauenwelt ewige Denkmäler ihrer himmlischen, weltüberwindenden Gnadenherrlichkeit, vor denen wir anbetend und bewundernd stehen, bereitet. Aber Alles, was wir von dieser Herrlichkeit wissen, schwindet gegen das verborgene Leben der Frauenliebe, das kein Auge öffentlich sieht, dessen Gedächtniß allein der Herr in seinem hohenpriesterlichen Herzen bewahrt, das wir nur glauben können, bis es an jenem Tag gleichwie alle Liebe, die aus ihm geboren ist, geoffenbart werden wird. Geben wir der heiligen

Spur dieser göttlichen Wege sinnend nach, um an ihren Anfang zu gelangen, so führt uns dieser Gang zuletzt auf Ein großes Ereigniß in der Mitte der Geschichte der Menschenwelt, auf die Eine That des göttlichen Erbarmens, in der für uns alles Heil seinen Anfang nimmt, auf das anbetungswürdige Gotteswerk, das Gott einst in Bethlehem und Nazareth begonnen, um es in Ewigkeit zu vollenden.

Der Gott und Herr des ewigen Lebens bereitete sein Heilswerk vor, indem er auf Erden, nämlich in Israel, eine **Familie** gründete, in welcher Er selbst die unversiegliche Quelle der persönlichsten hausväterlichen und hausmütterlichen Liebe war. Nachdem er aber die Vorbereitung vollendet und damit den **ersten** Weltlauf abgeschlossen hatte, — stiftete er sich auf Erden ein neues „Haus", eine neue „Gottesfamilie" im eigentlichsten Sinne des Wortes. Der Sohn Gottes kam vom Himmel, um die **bleibende** himmlische Gottesfamilie, die Himmel und Erde erfüllen sollte, durch sich selbst und durch die Verkündigung seines Lebens ins Leben zu rufen. Und dies Wunderwerk der Welterlösung ließ er seinen Anfang in einem irdischen Hause nehmen. Die Erlösung der Welt beginnt mit der

Erlösung einer heiligen Familie und in dieser sollte die Erlösung und Heilkunst aller Familien beschlossen liegen. In dieser heiligen Familie trug das Weib das Geheimniß des Himmelreichs in ihrem Schooße und in ihren Händen und wurde es Mutter und als Mutter ihres Sohnes die Pflegerin des ewigen Königs und seines himmlischen Reiches. Maria war die Mutter Christi und im vollsten Sinne die erste christliche Mutter. Der Anfang dieser Mutterliebe ist in der alten sündigen Menschenwelt der Anfang einer neuen heiligen Welt, eines neuen Aeon, dessen Vollendung unsre höchste und heiligste Hoffnung ist. Die mit diesem Ereigniß neu werdende Geschichte der Menschheit, ihre Auferstehung aus Tod und Sünde, ist zuerst und zugleich der Anfang einer neuen Frauenwelt. Das große, Alles umfassende Wunder der Erlösung der Welt umschließt zuerst das besondere Wunder der Erlösung des Weibes.

Bevor der Heiland in der Welt erschien, war das weibliche Geschlecht ein Geschlecht von Sclaven, elend in jeglicher Beziehung, versunken in Unehre, Schmach und jammervoller Schande. Die alte und die neue außerchristliche Welt, Griechenland und

Rom an der Spitze, wußte und weiß nichts von
der wahren Herrlichkeit, die Gott, als er auch Eva
nach seinem Ebenbilde schuf, einst in die weiblichen
Seelen gepflanzt. Viel Hohes und Schönes findet
sich ausnahmsweise namentlich in der griechischen
und römischen Frauenwelt. Zeugen dafür sind für
uns die Schaaren der edlen Weiber, noch unmittel=
bar aus der heidnischen Welt hervorgegangen, die
in den ersten Jahrhunderten als Märtyrerinnen
oder als Mütter der großen Kirchenfürsten oder
als gesegnete Wohlthäterinnen des armen Volkes
bis heute in dem Gedächtniß aller Gläubigen weiter
leben. Merkwürdig bleibt in dieser Beziehung, daß
die edelsten Geschlechter des alten Rom z. B. die
Fabier, Amilier oder Scipione zuletzt noch einmal
in den Frauen ihrer Namen erblühen und in ihnen
mit dem Opfer der Demuth und heiligen Selbst=
verläugnung in die Christenwelt übergehen; aber
gerade diese Frauen selbst bezeugen, nachdem sie
Jüngerinnen Christi geworden, am stärksten, wie
sehr oder viel mehr ganz und gar auch diesen Besten
unter den römischen und griechischen Frauen jene
eigentliche göttliche Herrlichkeit des Weibes verborgen
geblieben. Es fehlt ihnen Allen das Eine, was

allem dem Weibe wahre Hoheit, Würde und Edelheit verleiht: die Liebe, die weiß, daß Gott die Liebe, die heilige Liebe, die Quelle aller wahren Liebe, und darum die Heiligung aller Gatten-, aller Mutter- und aller Kindesliebe ist. — Hatten jene gefeierten Ausnahmen hievon nicht einmal eine Ahnung, wie viel weniger ist eine solche in der ganzen übrigen weiblichen Welt zu suchen und zu finden; in ihr war das göttliche Urbild erloschen und in ein Gefäß so unerhörter Schmach und Schande verwandelt, daß diese Schande vor weiblichen Augen und Ohren nicht einmal aufgedeckt werden darf. Die Frauen mögen lesen was neuere Schriftsteller, wie Wilh. Hofmann und Andere, über das Loos der Frauenwelt im heutigen Indien oder unter den übrigen Völkern, welche das große Wort des Heils noch nicht vernommen haben, berichten; sie werden sich dadurch überzeugen, daß das Grab des Jammers für Eva's Töchter bis heute nicht geschlossen, sondern wie ein weiter jäher Todesabgrund geöffnet geblieben ist. Wir denken an die Schmach, die in der heidnischen Welt so vielfach auf dem heiligen Stande der Wittwen ruht, an den Wittwenmord, den der Wahnglaube fordert, an den Mord der Töchter, den Mutterhände vollziehen, an die Vielweiberei mit Allem, was ihr nothwendiges Gefolge bildet, an den entmenschten Priesterdienst, der Unzucht in Gottesdienst verwandelt, an das harte, unbarmherzige Loos, das denen, welche Gott zu Gehülfinnen des Mannes und zu Genossen seiner Freude geschaffen, unter dem Druck der Tyrannei und unnatürlicher Frevel, oder unter der Geißel einer Willkür, die aller Liebe spottet, gefallen. Diese wenigen Züge sollen uns nur wie aus der Entfernung die Nacht mit ihren Schrecknissen, die Sünde mit ihren verwüstenden Folgen zeigen, denen das Weib durch das Wunder der Erlösung entrissen ist; sie können uns schon hinreichend die Tiefe der Erbarmung preisen lehren, aus welcher das Weib neu geboren, in deren Kraft es seinen ursprünglichen Beruf aus Gottes Gnadenhand zurückempfangen. Den thatsächlichen Anfang eines solchen neuen Frauenlebens machte Gott selbst, als er dort in Bethlehem eine Jungfrau die Mutter Jesu werden ließ. Mit dieser Neugeburt der Mutterliebe vollzog er sogleich die Wiedergeburt der Familie, in der er nun dem erlöseten Weibe seine eigenthümliche Stellung und seinen eigenthümlichen Beruf für die christliche Gemeinde bereitet. Die Familie wird nunmehr der erste fruchtbare Boden, in welchen das Gottesreich gepflanzt und gebauet werden soll, und in der Familie erhält das Weib seine eigentliche, für uns geweihete heilige Heimath.

Zwar will der Herr seine Kirche zunächst nicht aus den Familien und aus dem Familienleben hervorgehen lassen; sein Reich ist nicht gebunden an irgend eine Ordnung natürlicher Art; er läßt es sich ausbreiten und weiter bauen nach dessen eignen höhern Ordnungen, die dem heiligen Geiste, der frei waltet wo er will, entstammen; derselbe stiftet neue Gemeinschaft auch jenseits und außerhalb und unabhängig von der Familie, wo und wenn die Familie als solche sich nicht zum Gefäß seines Gnadenwirkens ergeben will. Aber das mindert die Bedeutung der Familie für das Reich Gottes nicht; denn dessen ungeachtet ist es wahr, daß je mehr das Völkerleben durch die Kirche in das Reich Gottes hinübergeleitet wird, desto mehr auch die Familie als solche eine eigenthümliche Bestimmung für den Weiterbau des Reiches Gottes erhält und erhalten hat. Die Familie soll sich dessen bewußt werden, daß der Herr sich in ihr das Leben des ganzen Volkes geheiligt hat. In der Familie hat er sich die Stelle ersehen, in der Er mit seinem Worte die **Anfänge** alles menschlichen Lebens mit den Kräften seines Reichs segnen und wiedergebären will, in ihr will er die ersten Keime alles menschlichen Lebens zum Bau seiner himmlischen Heerde erneuen und auferziehen. Darum mußte die Kirche, je mehr sie ihrer Bestimmung gemäß **Volkskirche** wurde, die Taufe zur **Kindertaufe** werden lassen; dieselbe findet ihr volles Verständniß erst im christlichen **Familienleben**, erst mit der **Kindertaufe** erhält das christliche, d. h. Christo angehörige, von ihm geweihte und geleitete Familienleben seine hohe, eigenthümliche Bedeutung für das Leben eines Volkes. Damit aber ist zugleich der Beruf der Frau **in der Kirche und für die Kirche** gegeben. Die Frau ist in der Familie zuerst die **Mutter**, und als solche angewiesen, das Heiligthum des Herrn im menschlichen Hause und zunächst in **ihrem** Hause zu pflegen. Die ganze Fülle dieses Frauenberufs tritt in und mit der „Mutter Maria", der Mutter des Gottmenschen, in die Erscheinung. Die heilige Familie, zu der mitgeben, und die ihrer mütterlichen Pflege anvertraut ist, das eine Bedeutung und Beziehung zu allen Familien und zu dem Familienleben in seinem ganzen Umfang. Das wird offenbar, sofern sich das Leben einer Familie an Christum anschließt und Christum in sich einschließt. In der Hand, in dem Schoß, an dem Herzen und in der Liebe der Maria lag Der, in welchem das ganze Himmelreich beschlossen ist; ihrer Pflege war Der vertraut, in welchem die ganze Zukunft, Erlösung und Erstellung der Welt beruht; nicht wie Maler es künstlerisch und kunstvoll malen, nicht wie Dichter es lieblich besingen, sondern wie allein eine Mutter es fassen und preisen kann: wahrhaftig, wirklich, mit ihren Händen pflegte und bergte sie das nackte, hungrige, durstige Kindlein; sie hatte im eigentlichsten Sinne des Worts in ihrem Kinde den Nackten, den sie kleidete, den Hungrigen, den sie speiste, den Durstigen, den sie tränkte, den Gast, den sie beherbergte; sie konnte an ihm die Summe aller Barmherzigkeit üben, die Er, der ewige Diakon, einst am Ende der Tage, bei Allen, die seinen Namen getragen, wiedersuchen wird. (Matth. 25.) In diesem, ihrem Kinde lebte Gottes Liebe, aber auch ihre Liebe, opferte sich Gottesliebe, aber heiligte sich ebenso des Weibes Liebe, in ihm strahlte Gottes Angesicht, das nach der Seligkeit der Welt ausschaut, aber schaute Maria auch den, in welchem ihre ganze Hoffnung und aller Welt Hoffnung beschlossen war, — ein Wunder der Anbetung vor ihren Augen, in ihrem Herzen. Und das Alles war den Augen der Welt verborgen, Gott allein bekannt, war ein Geheimniß der Liebe, das in der Einfalt der Liebe mit Segen und ewiger Ver= heißung gekrönt war, ein Wunder, wie keines Menschen Geist es fassen kann, und dennoch dem Glauben gewiß, bekannt und offenbar. In dem ge= heimnißreichen Besitze dieses unergründlichen Schatzes und in dieser heiligen, aus Christo gebornen, in ihm sich vollendenden Liebe und Liebespflege ist fortan mit Einem großen, unausdenksamen Wort das Bild des vollen Berufs derjenigen Frauenwelt, die sich im Schooß der Gnade Gottes weiß und für ihn lebt, enthalten.

Wir reden von dem Dienste und Berufe der Frauen in der Kirche. Wenn wir in dem Bisherigen Maria als die erste in der Reihe dieser Frauen hervorgehoben, so kann daraus in keinerlei Weise geschlossen werden, als hätten wir auch nur irgendwie mit der ungöttlichen Marienvergötterung einer andern Kirche zu schaffen; wir verwerfen solche Erhebung eines Menschenkindes gänzlich, denn sie raubt Gott die Ehre, die er sich ausschließlich vorbehalten, und sie nimmt dem Weibe und seinem ganzen Geschlecht auf's Neue jenen Beruf, zu dem Gott es in Christo auf's Neue erkoren. — Mutter der (im vollsten Sinne) „Lebendigen" und die geheiligte Pflegerin der von Gott zu hebender, heiligem Gottesdienst erneueten Familie im Leben der Völker zu werden.

Die berufsmäßige Stellung des Weibes in der Kirche ist die der Mutter in der Familie. Die Frau hat mit der geheiligten Mutterliebe den hohen Beruf empfangen, an ihrem Theile Gotte darin zu dienen, daß gleich von Anfang des Menschenlebens an die Geburt aus dem Fleisch durch die neue Geburt aus dem Geist und Wasser überwunden werde. Ihre Aufgabe ist, in die Naturgestalt des Familienlebens das Leben und Wesen der ewigen Gottesfamilie hineinzubauen, den Naturspiegel der irdischen Familie durch Gebet und Pflege so zu heiligen, daß in demselben das

Bild der Gottesfamilie wieder erkennbar und lebendig werde. Wir sprechen hier von der Familie Gottes; wir nehmen das Wort aber nicht in **bildlicher** Rede, als wäre die „Familie Gottes" eine von dem Wesen und Leben **irdischer** Familien abgezogene Vorstellung. Gerade umgekehrt ist für uns die wahre, ächte Familie — mit Johannes zu reden, das „Wahrhaftige", das eigentliche, ächte und rechte Wesen des Familienwesens nicht in der **menschlichen** Gemeinschaft, sondern in dem **Gottesgemeinschaftswesen** zu suchen. Das **Urbild** des Familienlebens, das sich im Leben der irdischen Familie wiederspiegeln will, ist in der **oberen Welt**. **Dort** in der Gemeinschaft des Vaters, Sohnes und heiligen Geistes ist die **erste, vor allem menschlichen Anfang liegende Gemeinschaft** der Liebe, in ihr allein ist uns alle Liebesgemeinschaft, die unter Menschen entstehen kann und segensreich werden will, urbildlich vorgebildet. In jener ewigen seligen Gemeinschaft wurzelt das Reich Gottes mit seinen Heiligen und Gerechten, dessen Kommen unser Trost ist, um dessen Kommen wir Alle, und namentlich auch als Väter und Mütter beten: Dein Wille geschehe, wie er im Himmel geschieht, also auch auf Erden! Dort, bei Gott, in Gott und seinen Heiligen und Gerechten, geschieht wesentlich sein Wille. Und solches Leben der Gottesfamilie soll hineingebaut werden in das irdische Christenhaus. Das ist der verheißungsvolle Beruf der Christenfrau. Das Organ der Diakonie Gottes zu sein, durch den von menschlicher, irdischer, vergänglicher Hand in seinen Gliedern und Geschäften, mit seinen Gütern und dem ewigen Leben Gottes ausgebaut, durchgebaut, unterbaut und zu einer Behausung Gottes im Geist ausgestaltet werden soll. Unter dem Arbeit und Aufsehen der christlichen Mutter soll das Christkind immer auf's Neue in dem Christenhause geboren. Von ihr und unter ihren Händen soll die menschgewordene Liebe des eingebornen Sohnes in den eigenen Söhnen und Töchtern gepflegt werden. In solcher Pflege soll ihr Haus sich fort zum Bethlehem und Nazareth erneuen.

Aber wie wäre die Erfüllung einer solchen Aufgabe von einer christlichen Frau zu erwarten, wenn dieselbe nicht zuvor ein Leben in Christo Jesu gefunden hätte, wenn sie nicht mit ihren Gedanken und Hoffnungen, mit ihrem ganzen Sinnen und Sorgen in das Reich Gottes hineingewurzelt, wenn

nicht aus der Gemeinschaft mit diesem Reiche, aus
den Erfahrungen in demselben ein Leben des Gebetes
in ihr geboren wäre? In keine andere, als allein
in die nach ihm ausgestreckte Mutter=Hand legt der
Herr das Leben seiner Gottesfamilie; nur eine solche
Hand kann die irdische Familie in einen Garten
Gottes verpflanzen, und den sie zunächst umgeben=
den Lebenskreis in ein Eden verwandeln. Dieser
Frauendienst in der Liebe ist eben so heilig als
verborgen, ist recht eigentlich das innerste, in Gott
verborgene Geheimniß des christlichen Hauses. Solch
Liebeswalten der christlichen Frau webt das zarte,
heilige Band, das die Herzen der Hausgenossen
in die Liebe Gottes hineinbindet. Es kann so sehr
lediglich in der stillen Zurückgezogenheit und in den
scheinbar kleinen Geschäften der mütterlichen Liebe
gedeihen, daß es entheiligt und seines besten Schmuckes
entkleidet wird, wenn es diese stille Heimath und
diese anscheinend geringen Gestaltungen des Lebens,
welche die Gefäße für selige Gnadengeheimnisse wer=
den sollen, verläßt. Der Mann vermag dies innerste
stille Lieben und Walten einer Frauenseele, die in
Gottes Liebe athmet, nur dann zu verstehen, wenn
er selbst aus dem Reichthum der Liebe Christi das=

kunge, das auch in ihr gerade der Weiblichkeit ursprünglich verwandt ist, lebendig in sich aufgenommen hat. Erst dann wird er den Werth und die Bedeutung des eigenthümlichen häuslichen Berufskreises der Frau in Wahrheit würdigen, erst dann kann er sich ihres Waltens mit voller Seele freuen und es fassen, warum ihr irdisches Tagewerk sich nach göttlicher Ordnung zumeist in lauter Dingen bewegt, die dem gewöhnlichen Maße, nach welchem der Mann seine Werke zu messen pflegt, nur gering, unbedeutend, unerheblich erscheinen. Gerade diese scheinbar geringen Geschäfte der Frau sind von Gott, vor dessen Maß der Unterschied von Groß und Klein verschwindet, — als die Ordnungen gesetzt, in denen sich die Treue, der Gehorsam, die Opferwilligkeit, die stille Einfalt des weiblichen Wesens, — kurz seine Fruchtbarkeit des Glaubens vornehmlich bewähren soll. Man vernimmt zwar öfter aus dem Mund von Frauen ein Wort, das eine Klage werden möchte, daß sie sich nämlich in ihrem Familienberufe einer gewissen Vielgeschäftigkeit in den hunderterlei Ansprüchen, die das tägliche Leben mit seiner mannigfachen Nothdurft und Nahrung an sie macht, nicht entziehen können, daß sie unter ihren

Kindern und unter ihrem Gesinde Marthen sein müssen, während ihr Herz sie zu dem Stillesein der Maria ziehe. Aber thut eine Martha ihrerseits etwa einen minder heiligen Dienst, als eine Maria? nur daß eine wahre Martha eine Maria, und eine wahre Maria eine Martha sein muß, denn beide sind Schwestern, die vor dem Angesicht Christi wandeln. Wir wollen auf diese Seite des weiblichen Berufes einen Augenblick näher eingehen, um desto besser erkennen zu lernen, in welchem Maße und in welchem Geiste die Frau auch in diesen scheinbar untergeordneten Beziehungen eine hochgeordnete Aufgabe in ihrem Familienleben, das der „heiligen Familie" verwandt und nachgebildet werden soll, zu erfüllen hat. Dies führt uns zugleich zu einer Betrachtung des g ö t t l i c h e n Haushaltes, den der Herr selbst in seinem „Hause" Israel, jener ersten großen, mit Wundern Gottes erfüllten Gottesfamilie bis zum Eintritt der vollkommenen Erlösung verwaltet hat.

Ein schwerer und sittlich gefährlicher Irrthum hat sich in der gegenwärtigen Christenheit nur zu weit ausgebreitet, daß nämlich die sogenannten kleinen und äußeren Angelegenheiten des Lebens, welche sich auf das tägliche Brot, dessen Beschaffung und Austheilung beziehen, nicht in das Reich Gottes, wie es sich in diesem Weltlauf darstellt, gehören. Man meint, von der Kirche Christi, ihrer Gestaltung und Aufgabe auf Erden reden, und diese augenblick geringfügigen Angelegenheiten aus dem Kreise der Erwägung ausschließen zu können. Die schlimmen praktischen Folgen dieser falschen Zertrennung des himmlischen und irdischen Berufes liegen in dem unordentlichen Betriebe der bürgerlichen Geschäfte so mancher Christen nur zu klar zu Tage. Eine ganz andere Weise göttlichen Haushaltens zeigt uns der Herr in seinem eigenen Thun. Er, der heilige Gott Israels, der Himmel und Erde geschaffen, bezeugte sich in Israel als der allmächtige Schöpfer, als der gnadenreiche Erlöser, als der ewige, heilige Richter. Aber dies Israel war zugleich seine Familie, sein Haus; Israels Genossen waren seine Kinder und Haus- und Tischgenossen. Darum achtete er es nicht für ein Geringes, sondern für ein sehr Wesentliches und Großes, in Israel neben den Zeugnissen seines weissagenden Wortes und seiner gewaltigen Thaten zugleich seine hausväterliche Güte, verbunden mit seiner hausmütterlichen Treue und Pflege im reichsten Maße offenbar werden zu lassen. Er selbst und kein anderer ist es, der seinen Hausgenossen und Kindern Speise und Trank bietet, der Israel ein Land der Herrlichkeit mit dem gesegneten Weinstock und Oelbaum verheißt und übergiebt. Es sollte nicht als ein Geringes, sondern als ein Zeugniß seiner immer nahen Herrlichkeit gelten, daß Er es sei, der seinem Volke Wachteln schickte, Manna vom Himmel sandte, Wasser aus dem Felsen spendete, und mit vielen andern Erweisungen seiner Güte gerade solche irdische Bedürfnisse der Seinen stillte. Und als nun nach dem Abschluß des ersten Weltlaufes der Sohn Gottes im Fleisch erschien, erneuete und vollendete sich in ihm zur Erlösung der Welt nicht blos jenes ewig seligmachende Zeugniß des Wortes und der That, sondern ebenso auch die Offenbarung jener Diakonie, die sich bis auf das kleinste Bedürfniß im Irdischen bezieht. Er speist das hungrige Volk, ihrer 5000, mit Brod; Er giebt dem Petrus den reichen Fischzug; Er geht unter dem Volk umher und verbindet ihm seine Wunden, heilt seine Kranken und sorgt für Alle mit einer wahrhaft mütterlichen Liebe. Ja, um

die Seinen ganz in die Tiefe dieser Liebe, in der
das Kleinste und Geringste durch die in ihm verborgene himmlische Gabe groß gemacht, und durch
das Opfer der Selbstverleugnung und Demuth
geweiht wird, zu versenken, erbietet er sich persön-
lich selber zum Gegenstand solcher Diakonie: —
wer ein Kind aufnimmt, nimmt ihn auf, wer den
Hungrigen und Durstigen erquickt, erquickt ihn,
den ewigen Menschensohn, selber. Wenn darum
mit der Ausgießung des heiligen Geistes in der
aus Gott geborenen Gemeinde die neue Gottesfamilie in Jerusalem sich ausbreitet, wird das
gottesdienstliche und häusliche, gesellschaftliche
Leben und Weben eine wundersame Einheit. Die
Apostel dienten so gut zu Tisch, wie sie mit dem
Worte dienten; beiderlei Dienst war in sich selber
Eins, war eine heilige Fortsetzung des Amtes
Christi. Die Austheilung des heiligen Sakraments,
in welchem der Herr die Gemeinde mit seinem
wahrhaftigen Leibe und Blute speist, war unmittel-
ar an die Austheilung des täglichen Brodes geknüpft.
Wenn nachher das neue Gemeinschaftsleben der
Gottesfamilie — wie es nicht anders sein konnte —
als die heiligende, segnende Kraft in immer wei-

terem Umfange in die Formen des von Gott ge=
ordneten natürlichen Lebens einging, und seine
Gestaltungen in die des gottesdienstlichen, bürgerlichen
und häuslichen Gemeinschaftslebens vertheilt, mußte
auch das „zu Tische dienen" als ein dem Herrn
gehörender und zu seinem Gebot und Willen stehender
Dienst außer dem ordentlichen und eigentlichen Diako=
nat (der deßwegen, im Unterschied vom Dienst am
Wort, keineswegs ein Dienst von „unten her"
ist) seine besondere und eigenthümliche Stelle und
Gestaltung in dem einzelnen christlichen Hause finden.
Hat hier der Mann, als das Haupt und als der
Hausvater, überwiegend den Dienst am Wort, so
die Frau als die christliche Hausmutter vorzugs=
weise den Dienst am Tische im weitesten Sinn,
mit allen seinen kleinen und großen Mühen. Beide
sind hier die nächsten Verwalter dessen, was der
Herr selbst ihnen anvertraut für die in ihm gehei=
ligte Menschenfamilie; diese wird der Rahmen und
Spiegel, in welchem das Urbild der großen heili=
gen Gottesfamilie wieder erscheint. Die Frau findet
das Urbild ihrer mütterlichen Liebe und Fürsorge
die sich in hundert kleinen, geringen und geringsten
Dingen verwirklicht, in der mütterlich sorgenden

ziehe ihres ewigen Herrn. Was Luther den Vater im Tischgebete sprechen: „Komm, Herr Jesu, sei unser Gast, und segne, was du uns bescheret hast." das ist nicht ein abergläubig Kindergebet, sondern ein Gebet derer, die in Wahrheit Kinder Gottes sind. Ist es aber volle ganze Wahrheit, daß Er, der Herr, der eigentliche Gebeter und Gnadenspender ist. Dann empfängt auch die Frau in ihrem Hause Alles, womit sie die Ihrigen speist und tränkt und kleidet, kurz das ganze tägliche Brod, nicht gewissermaßen oder theilweis, sondern wesentlich und eigentlich ganz und gar aus der Hand ihres Herrn. Er ist es, der ihr für ihre Nackten die Kleidung, für ihre hungrigen, durstigen Gäste Speise und Trank und Herberge bietet. Er schafft ihr die Gelegenheit, in der Erkenntniß und in dem Durchleben seiner Gnade in ihrem eigenen Hause dasselbe zu thun und zu wirken, was dort Maria in Bethlehem und Nazareth ihm, dem gottmenschlichen Kinde, der ihr Sohn war, that. Das Leben einer Christenfamilie wird unter der segnenden Hand und in dem betenden Herzen einer solchen Mutter eine freie, wenn auch noch so schwache Erneuerung des Lebens jener „heiligen Familie".

in der die Frau als gottgeheiligte Priesterin und Hüterin göttlicher Heiligthümer waltet. Von solcher Heiligkeit des Berufs der christlichen Frau in dem Licht- und Friedensreiche der Gemeinde Christi vernimmt die Welt nichts, denn sie sieht die Herrlichkeit des göttlichen Reiches und seines ewigen Königs nicht, in welchem dieses Geheimniß der Liebe und Gnade beschlossen ist.

Wir sind bishier davon ausgegangen, daß das Weib in ihrem Berufe die **Gehülfin** des Mannes ist, denn ihn hat der Herr zum Haupte des Weibes auch für das häusliche Wirken gesetzt. Das **Zusammenwirken von Mann und Weib**, wo es ist wie es sein soll, macht erst das volle christliche Haus; nach dem bekannten Worte des Apostels wird die Familie erst dadurch ein rechtes Abbild der heiligen Gottesgemeinde. Allein sehen wir auf das Verhältniß zwischen Mann und Frau, wie es gegenwärtig in außerordentlich vielen christlich genannten Familien besteht, so begegnet uns statt dieser Einheit im Glaubensleben beider, wie vielfach! ein großer Zwiespalt, der beide im innersten Herzensgrunde weit auseinander hält. Es wiederholt sich

auch in unsern Tagen, daß eine viel größere Zahl
von Frauen als von Männern zum Herrn kommt,
von Herzen an ihn glaubt, diesen Glauben bekennt
und in ihm dem Reiche Gottes dient. Der Nach-
weis dieser Thatsache für unsere Zeit ist überflüssig,
er liegt vor aller Augen, er wird, abgesehen von
allem Andern, schon fast in jedem öffentlichen
Gottesdienste, in welchem die Zahl der Frauen die
der Männer weit zu überwiegen pflegt, auch äußer-
lich sichtbar. Wir wollen den Grund dieser auf-
fallenden Erscheinung hier, wo wir es zunächst
nicht mit den Männern zu thun haben, nicht
untersuchen; uns genügt, von dieser Thatsache aus
den im Hause concentrirten Beruf der Frauen für
die Kirche noch von einer neuen Seite festzustellen.
Aufs Tiefste nämlich muß solcher Zwiespalt in das
Familienleben und somit in den Beruf der gläubigen
Frau eingreifen. So lieblich das Loos dem Weibe
gefallen ist, dessen Gatte mit ihm die Gesinnung
des Glaubens an Christum theilt, so verheißungsreich
unter dem Segen solcher Gemeinschaft das Leben
und Streben eines christlichen Hauses gedeiht, —
ebenso schwer und von der besten menschlichen Freude
entblößt, ist das Loos der christlichen Frau in dem

umgekehrten Falle, ebenso auflösend wirkt der Unsegen dieses Zwiespaltes bis in die letzten Gründe des häuslichen Lebens hinein. Das Zusammenleben und Zusammenwohnen wird durch solches Mißverhältniß nothwendig mehr oder weniger mit einer tiefen Unwahrheit behaftet; aus ihr entstehen von beiden Seiten her die Geister der Furcht und des Mißtrauens und drohen nur zu leicht, arge Versucher zu werden. Aber wie groß und heilig zugleich gestaltet sich unter solchen schweren Umständen der Beruf, den die gläubige Frau innerhalb ihres Hauses für die Gemeinde des Herrn zu erfüllen hat! Nicht bloß hat sie in ihrer Drangsal mit Gebet um Geduld und Weisheit dahin zu trachten, dem Herrn das Reich an ihrem Heerde zu bewahren, ihre Kinder vor den Gefahren des so nahe und tief wirkenden Unglaubens oder Nichtglaubens zu behüten, ohne die Liebe zum Vater zu verkümmern, sondern vor allem Andern ist ihr auch die Liebesaufgabe geworden, den Mann für das Reich Gottes zu gewinnen, sein Widerstreben zu besiegen, nach den leisen Regungen des Glaubens und Lebens in seinem Herzen geduldig wartend auszuschauen und vorsichtig zu wandeln, damit sie dem

Herrn nicht im Wege sei, der auch in dem Herzen dessen, bei dir beste Liebe noch nicht verstorbt, ein Fünkchen zur Flamme anfachen kann. Wie will und kann die Kirche mit ihrem Lehrewort und ihrer Ernte suchenden Liebeskraft namentlich in unserer Zeit, wo ihr der Weg in die Häuser gerade auch durch solche Männer hundertfach versperrt ist, und wo diese in keiner Versammlung des Gottesdienstes erscheinen, — wie will und kann sie da diesen Männern andere oder besser nahe kommen und wie anders ihren Beruf an ihnen erfüllen, als durch solche mit Glauben erfüllte Frauen, die das Licht des Lebens und der Liebe Christi in sich aufgenommen haben und das Dankopfer für sein Gnadenwerk auf dem, ihr jeden andern unzugänglichen heiligen Altar des Hauses pflegen. Mund und Hand der Kirche in hundert von solchen Fällen bist du, Frau! mit deinen schwersten Seelenkämpfen, mit deinem gläubigen Opfermuth, mit deinem Gebet und deinem dem Manne verborgenen Seelenschmerz. Solche Frau liebt den Mann, der der Liebe Christi noch widerstrebt, darum nicht weniger, nein, nur um so viel mehr, sie hält ihn fest als die beste Gottesgabe, die ihr vertraut ist, die der Herr von ihr fordern wird, die sie bewahren weder lassen will noch kann. Nur schweigend können wir auf den heiligen Opferdienst solcher Frauen blicken, die in solcher Liebe der Kirche an ungläubigen Männern dienen; mitbetend soll die Kirche die Gebete und Fürbitten solcher Frauen unterstützten, die schweigend und duldend, stille seiend und hoffend, in Christi tiefstes Leiden versenkt, auf die Erhörung ihrer Gebete und die Erfüllung seiner Verheißungen warten. Die Gemeinde des Herrn ist in unsern Tagen angefüllt mit solchen Frauen, die im Verborgenen diese heiligsten Priesterdienste thun, aber die Kirche mehrt sich auch im Verborgenen mit Männern, deren Auferstehung zum Glauben der hohe Preis solches in Gott geheiligten Dienstes von Frauen ist, welche auch dieses ihres Berufs an der Kirche warten im Geiste der Liebe, die vor Menschen schweigt, aber vor Gott in ihrem Gebete reich beredt, in Segen ihre Arbeit thut.

Eine andere Seite des Priesterdienstes der Frau in dem ihr anvertrauten Hause ist die Erziehung ihrer Kinder.

Wir können hier nicht das ganze Gebiet der Erziehung besprechen, übergehen auch einzelne nahe liegende Gegenstände, z. B. die Erziehung der Töchter. Aber die sich in unsern Tagen so viele einander widerstreitende Stimmen, auch solcher, die auf dem Grunde des Einen Glaubens stehen, vernehmen lassen. In dem bisher Erörterten liegt schon angezeigt, wohin nach unserer Auffassung das Ziel der Töchtererziehung gerichtet sein muß. Wir wollen uns hier auf einige andere Punkte, welche die erziehende Sorge der christlichen Mütter in unsern Tagen insbesondere in Anspruch nehmen, beschränken.

Wenn der christliche Familienberuf der Frauen darin besteht, darnach zu trachten, daß ihr Haus unter ihrer stillen, betenden Liebe mit dem Geist der heiligen Gottesfamilie erfüllt werde, so liegt der Mutter nichts näher, als das herzliche Verlangen, eine gewisse Antwort zu haben auf die Frage: ob ihre Kinder auf dem Wege zu Christo sind, ob sie in lebendiger Gemeinschaft mit dem Herrn stehen? — oder, falls sie etwa abgewichen wären und die einmal erkannte Wahrheit wieder verlassen hätten: wie solche Söhne und Töchter wiedergewonnen, dem Herrn aufs Neue zugeführt und lebendige Glieder an seinem Leibe werden können? Wie schwer wie hoch und heilig wird der Beruf einer Mutter, deren Herz von solchem Verlangen erfüllt ist? welche Schwierigkeiten treten gerade in unsern Tagen einer segens= und erfolgreichen Kinderzucht ent= gegen?! Ich denke nicht bloß an die Versuchungen und Gefahren, von denen das christliche Haus in unsern Tagen durch die Macht des Abfalls von dem lebendigen Gott bedroht wird, denen die Kinder auf allen Wegen so vielfach in ihrem Um= gang, namentlich auch in so vielen Schulen (gott= lob aber nicht mehr in allen!) ausgesetzt sind. Eine ganz andere, mannigfach nur halb laut wer= dende Sorge christlicher Mütter, welche selbige oft selbst vor ihren sonst gleichgesinnten Männern ge= heim halten, möge hier unumwunden ausgesprochen werden. Es ist die Sorge der Mütter für die Kinder im Hinblick auf den kirchlichen Hader und Streit, der gegenwärtig im Kreise der kirchlich ge= sinnten Männer immer lauter hervorbricht und uns mit Parteiungen und einem Krieg Aller gegen Alle bedroht. Wie manche Mutter bangt, wenn sie diesen dem weiblichen Sinn meist unbegreiflichen Geist der Zwietracht zwischen Genossen des Glau= bens bereits bis ins Innerste der Familien ein=

dringen steht! Und solche Mütter haben Recht. Denn mag der Streit draußen entbrennen, — das Heiligthum des Hauses soll ein Reich des Friedens bleiben, und gerade die Frau ist zu ermahnen und wenn sie schwanken sollte, in der Ueberzeugung zu bestärken, daß sie den Beruf hat, sich in jenen Hader nicht zu mengen. Sie soll in ihrem Herzen, ihretwegen und wegen ihrer Kinder darüber wachen, daß das Reich Gottes, das jenseit des Streites liegt und „Gerechtigkeit ist und Friede und Freude im heiligen Geist," im Hause gebauet werde. Die Frau entziehe sich und ihr Haus dem lärmenden Streit der Männer, übe sich selbst und ihr Haus und namentlich ihre Kinder in den wahren Streit wider das Fleisch und seine Lüste und Begierden, baue den wahren Frieden, der aus Gott ist. So wird sie lebendige Bausteine herzuführen zu dem Tempel Gottes im heiligen Geist und namentlich auch in ihren Kindern für den wahren Dienst in der Kirche ein Geschlecht heranziehen helfen, das mit Gottes Harnisch gegen den Argen gewappnet ist, der heutigen Tages in der Zerstörung der brüderlichen Liebe unter denen, die in Christo allein ihre Gerechtigkeit glauben, seine sichersten Triumphe feiert.

Eine andere Gefahr für die Kindererziehung, gegen die namentlich auch die Mutter gerüstet sein kann und soll, entsteht aus der eigenthümlichen, in den christlichen Kreisen vielfach vorkommenden Unklarheit und Verwirrung über die einfachsten Grundlagen, auf welchen sich das jugendliche Leben zu erbauen hat, — eine Gefahr, an der die glückliche Erziehung der Kinder in Christenhäusern so mannigfach zerscheitert. Es ist eine vielfach bestätigte Erfahrung, daß nicht selten auch in Familien, die keineswegs zum Schein, sondern wirklich dem Evangelium ergeben sind, die Erziehung der Kinder mißräth, so daß aus ihnen vielfach tief entartete oder doch solche Kinder hervorgehen, die sich gegen den Glauben der Eltern sperren und auflehnen. Es giebt für diese auffallende Erscheinung mehrfache Ursachen. Dieselben liegen, und das muß vorangestellt werden, zum Theil so sehr in der sündlichen Natur der Kinder selbst, daß es vielfach ein vollkommenes Unrecht ist, solche Kinder als „verwahrlosete" zu bezeichnen. Wir können uns für solche Fälle nicht stark genug gegen diese Bezeichnung verwahren. Eltern, wie wir sie hier meinen, haben an diesen ihren Schmerzens-

und Enkel-Kindern nichts Besonderes versäumt, ja
gerade zu ihrer Nahrung und christlichen Erziehung
Alles aufgeboten. Aber der Glaube und sein Leben
lassen sich eben nicht anerziehen. Mancher muß
durch viele schwere Versuchungen und durch vieles
Kreuz und schmerzliche Demüthigungen hindurch,
bevor er den Weg des Glaubens findet. Manche
wehthuende Hammerschläge sind für Manchen nothwendig, bevor er das Fleisch kreuzigen und den
Sinn des Glaubens und die Herrlichkeit der Gnade
erkennen lernt. Derartige ungünstige sittliche Dis-
positionen finden sich, vielleicht nur mit seltener
Ausnahme, in beinahe jeder Familie, nur daß
außerhalb der Familie — und mit Recht — wenig
oder nichts darüber verlautet. Wenn nun zu dieser
Unart noch schlechte Gesellschaft von Schulgenossen,
Arbeitsüberhäufung der Väter, oder der Wittwen-
stand der Mütter hinzu kommen, so schlagen solche
Kinder aus der Art. Wer darf sich des Phari-
säismus schuldig machen und darum einen Stein
auf solche bekümmerte Eltern werfen? Je häufiger
und liebloser das dennoch geschieht, desto ernster ist
solches Richten zu rügen. Wir aber sehen hier von
diesen besonderen, schweren und keineswegs seltenen

Fällen und eigenthümlichen Ursachen völlig ab. Von ganz anderer Art sind die Erfahrungen, die dem, der hier spricht, seit mehr als zwei Jahrzehnten nur zu häufig vorgekommen sind, wir meinen die Fälle, in denen die Hauptursache des Mißlingens der Kindererziehung in einem entweder **pietistischen** oder **gesetzlichen** Geiste zu suchen ist. Es ist leider nicht zu bestreiten, daß eine solche krankhafte Sinnesweise vielfach in unserm christlichen Familienleben herrschend geworden ist und herrschend zu werden droht.

Man wird es nicht mißverstehen, wenn hier der **Pietismus** gerügt wird. Es ist damit nicht das christliche Glaubensleben selbst, das sich allein auf Christum und sein Verdienst gründet und das der thörichte unwissende Welthaufe vielfach so zu benennen pflegt, sondern eine Verirrung und Verkennung des Glaubenslebens gemeint. Es besteht ein unauflöslicher Gegensatz zwischen der Welt, die aus dem Fleische stammt, einerseits, und dem Reiche Gottes, das aus dem heiligen Geiste kommt, andererseits. Aber **jene** Welt, die dem Gerichte verfallen, deren Fürst aus der Finsterniß ist, ist nicht zu verwechseln mit **der** Welt, die wir als das Werk des heiligen Schöpfers kennen, an der und in der mit die Offenbarung der göttlichen Herrlichkeit verbunden sollen. Und diese Vermittelung läßt sich jede Verirrung, die mit Recht Pietismus genannt wird, zu Schulden kommen. Der Pietismus ist eine Krankheit an der Freude, der Frömmigkeit. Er verschmäht die Welt, die Gottes heiliges Werk, und in ihr das, was von Gott selbst in ihr angelegt, also heilig ist, und deswegen, nachdem Gott uns in Christo versöhnt, in seinem Reiche erneuert und vollendet werden soll. Daraus folgt dann ein Verkennen und Abweisen reicher und gesunder Elemente des Volks- und Familienlebens, deren Pflege man wegen solcher falschen Voraussetzungen für unberechtigt hält, während Gott sie doch gegeben, damit sie im christlichen Leben, in seinem Reiche erst zu ihrem vollen Rechte kommen. Deutsche Frömmigkeit nach Luthers Weise, die das eigene Volk und darum das eigene Haus in seiner Eigenthümlichkeit lieb hat, ist seltener unter unsern Christen geworden, als wir glauben. Wenn wir diesen Fehler erkennen, sollen wir ihn nicht verdecken, sondern bekennen und mit Freimüthigkeit rügen, damit die Besserung folge. Der Sinn für die Schönheit und den Reichthum des Lebens, wie ihn auch der Arme in seiner Niedrigkeit haben und hegen kann, erscheint vielen Christen als Sünde und unvereinbar mit dem Ernst und dem Geist, der das Reich Gottes erfleht und erbaut. So kann das Familienleben am allerwenigsten den Kindern eine Genüge gewähren; ein gesunder, richtiger Takt sagt denselben in bestimmter Weise, woran es hier fehlt; das Christenthum erscheint ihnen (und das aus Schuld der Eltern) schuldig an diesem Mangel und an dieser tiefsten Beraubung der menschlichen Persönlichkeit. Ich habe Gelegenheit gehabt, Kinder aus solchem krankhaften häuslichen Leben heraus kennen zu lernen, die das Christenthum als eine Unnatur und Menschenquälerei verwünschten; als sie aber das Evangelium kennen lernten, wie es mit seiner alleinigen Wahrheit Fleisch und Geist unterscheidet und scheidet, und den unerbittlichen Kampf wider Fleisch und dessen Welt erfordert — nahmen sie das sanfte Joch Christi willig auf. Ist es aber zu verwundern, daß so manche von solchen irregeleiteten Kindern, die nicht anderswie durch Gottes Fügung zur Erkenntniß der Wahrheit kommen, nachdem sie das verkehrte Elternhaus verlassen, in den Gegensatz gehen das Evangelium übergeben und selbstgewählte Wege des wirklichen Zuhörers und des Todes belieten?

Als ein anderer Abweg, auf den manches Familienleben gerathen ist, ist eine falsche Gesetzlichkeit bezeichnet. Er ist dem eben gerügten Abwege oft nahe verwandt. Tritt das Evangelium den Kindern in solcher gesetzlichen Gestalt entgegen, so wird es ihnen nicht minder und noch viel eher im tiefsten Herzensgrunde verleidet. Die Schuld trifft hier, wenn wir nicht irren, gar oft die Väter. Sie verstehen das Wort: daß das Gesetz ein Zuchtmeister auf Christum ist, nicht, denn sie vergessen, daß der Herr vor diesem Zuchtmeister die Verheißung gegeben — nicht bloß in der Geschichte Israels, das ein Vorbild, vielmehr eine Vorgeschichte alles Christenlebens bleibt, sondern auch in der Geschichte jedes Christenmenschen, dem der Herr, wie beim Abraham, in der Familie durch die Taufe mit Gnade und Verheißung zuerst entgegenkommt. In dieser schon dem Kinde zugeeigneten Verheißung ist schon die christliche Freiheit, d. h. die Erlösung aus Sünde und Tod angelegt und begründet, und auf die Erzielung dieser Freiheit muß alle Handhabung und Anwendung des Gesetzes in der rechten Erziehung gerichtet bleiben. Ist das nicht der Fall, so bleibt das Evangelium und seine Liebe dem Kinde fremd, so wird es ihm selbst ein Gesetz, ein bloß äußerliches, gegenüberstehendes, und wird dadurch in sein volles Gegentheil verkehrt, wird zur unerträglichen Last und Qual, statt eine seelenerquickende Lust und Liebe zu sein. Wie kann es unter solchen Umständen wiederum Wunder nehmen, wie muß es nicht vielmehr ganz naturgemäß erscheinen, wenn das mündig werdende Kind sich von dieser Bürde zu befreien sucht? Ist es doch durch seine Erziehung verleitet, das wahre Evangelium und die Freiheit, die in dem Gehorsam gegen dasselbe besteht, zu verschmähen!

In diesen beiden Fällen nun, gegenüber nämlich jenem Pietismus und dieser falschen Gesetzlichkeit, tritt wieder der bedeutsame Beruf und die verheißungsvolle Gnadengabe der christlichen Frauen, und zwar der Mütter in das volle Licht. Denn wer verstünde besser als die wahrhaft christliche Mutter das Wesen und die Bedürfnisse des Kindes, dessen innerste Regungen sie bis in das so unscheinbare und doch so bedeutsame spielende Leben desselben belauscht? Wessen Auge hätte mehr als das ihre das Licht der Liebe empfangen für die im christlichen Kindesherzen sprießenden Keime der göttlichen Freiheit und wahrhaft menschlichen Freude? Wer wäre unzweifelhafter als sich eine Mutter berufen, die Ihren mit Erfolg vor jenen Gefahren und Abwegen zu bewahren, die die Gesundheit der Frömmigkeit und die Freiheit der Kinder Gottes bedrohen? Je mehr die Mutter im Stande ist, durch ihre Gemeinschaft mit Christo in das Wesen, die Liebe und Herrlichkeit jener urbildlichen Gottesfamilie hineinzuschauen, desto inniger, einfältiger, dankbarer, ungekünstelter, freier und weiter wird ihre Liebe zu ihren Kindern, desto sinniger wird ihre Weisheit in der Kinderzucht, desto künstlerischer die Verwaltung ihres Hauswesens. Fröhlich, reich und gesegnet wird dann in ihrem Familienkreise das Sinnen über alle dem, was wahrhaftig, was sittsam und würdig, was gerecht, was keusch, was lieblich ist und wohl lautet. Die Frucht dieses Sinnes wird, so Gott Gnade giebt, unter der Hand der fröhlichen Kinder-Mutter in dem gesunden Gedeihen der Söhne und Töchter erblühen. Vielleicht bleibt vor den Augen der Menschen das innere und innerste

Glück einer solchen Hausgenossenschaft verborgen, aber die Liebe, die des Hauses Glieder unter einander haben, ist vor Gott offenbar, und vor ihm endet nimmer der Preis und der Segen einer Mutter, die in solchem Geiste Söhne und Töchter als lebendige Steine zu Gottes Tempel zusammen gebaut, die also begnadigt worden, den hohen Beruf der Frau zum Aufbau der Gemeinde des Herrn in heiliger Stille und in einer an Liebe reichen Verborgenheit zu erfüllen.

Die Betrachtung des häuslichen Berufs der christlichen Frauen führt uns von selbst auf die Aufgabe, welche dieselben gegen die Dienstboten und Armen zu erfüllen haben.

Sagt das Wort Gottes den Dienenden, daß sie ihren leiblichen Herrn gehorsam sein sollen in Einfältigkeit des Herzens als Christo, so haben christliche Herrschaften in allen Fällen die Aufgabe, in ihren Häusern den Dienstboten ein Leben zu bereiten, worin das Leben Christi und seiner Gottesfamilie sich spiegelt. Auch hiebei kommt uns für jetzt weniger der Mann in Betracht, dessen Beruf über das Haus hinausragt, dem in gewissem Sinne die Welt das Haus ist, als vielmehr der Frau, die recht eigentlich auf ihr Haus angewiesen bleibt, die in ihrem Hause ihre Welt finden soll. In die laute, nicht aufhörende Klage über die Dienstboten stellen wir die Frage, wie weit christliche Hausmütter ihre hohe Aufgabe gegen die Dienstboten erfüllen, und namentlich auch gerade gegen solche, die noch nichts von der Weihe wissen, welche der Dienst des Knechtes oder der Magd durch Den empfangen, der um Aller willen Knechtsgestalt angenommen! Der christliche Beruf der Hausmütter für ihre Knechte und Mägde wird um so wichtiger, je familienloser unsere Dienstboten gewöhnlich sind. Gerade diesen soll die Hausmutter durch Liebe und Geduld und alle Beweisung des Glaubens um so gewisser und klarer machen, daß sie in ihrer irdischen Familienlosigkeit der großen Gottesfamilie angehören, die sich auf Erden in dem christlichen Familienleben die verborgenste, aber lieblichste Heimath gebaut. Es ist deswegen eine Pflicht der Hausmütter, ihre Dienstleute an dem Gottesdienst des Hauses und den daraus fließenden Segnungen theilnehmen zu lassen, und ihnen an den Sonntagen den gebührenden Antheil an den

kirchlichen Versammlungen der größeren Gottes=
familie zu gewähren. Die weise Einrichtung des
Hausstandes, nach welcher die häusliche Oekonomie
sich der höheren göttlichen Oekonomie unter= und
einordnet, diese aus der geheiligten Liebe hervor=
gehende Rücksichtnahme auf die höheren Bedürfnisse
und göttlichen Rechte der bürgerlich geringsten
Glieder im Hauswesen ist ein wesentlicher Theil
der Frauendiakonie in der Kirche. Wenn die Frau
in dieser Weise und in diesem Geiste ihren Beruf
gegen die dienenden Glieder des Hauses erfüllt und
ihren Glauben und ihr Bekenntniß mit solcher Liebe,
die in die unscheinbarsten Bewegungen und in das
feinste Gefüge des Hausstandes eindringt, ziert,
dann wird ein höheres, heiligeres Band, als das
des Lohnes und des knechtischen Gehorsams Herr=
schaften und Dienstboten verbinden. Beschönigen
wir nicht in eitler Weise den Schaden, so müssen
wir gestehen, daß zwischen diesen beiden gewöhnlich
(unbeschadet der Gottlob! mannigfachen Ausnahmen)
im letzten Grunde nur ein Lohn= und Pacht=, ja,
wie oft! ein wahres Sklavenverhältniß besteht? Die
christliche Hausmutter, und nur sie, welche weiß,
was für einen Dienst in der Gemeinde Gottes der

Frau vertraut werden, kann in voller Wahrheit solcher unter uns waltenden Unnatur ein Ende machen. Indem sie für sich selber aus dem tiefen Born der Freiheit, die in Christo und in ihm wesentlich Liebe ist, schöpft, kann sie in ihrem eigenen Hause, das Gott auch für ihre Knechte und Mägde gebaut hat und gesegnet, ihre Dienstboten wahrhaft als Gottes Hausgenossen lieben, und in dieser Liebe den Grund und Boden zu der rechten Gemeinschaft mit ihnen finden und bebauen. Wir meinen nicht, daß bei solcher Führung des Haushaltes alle Dienstboten diese Liebe erkennen und in Dankbarkeit und Treue erwiedern würden, — immer nur wenige werden zu dieser Erkenntniß gelangen, — aber wir zweifeln auch nicht, daß sich dann viele der Klagen über die Dienstboten in stille Selbstanklagen der Herrschaften verwandeln müßten, und daß dann, wenn das geschähe, zuletzt auch mancher Magd das Auge über eigene Sünde und eigenes Unrecht aufgethan werden würde. Jedenfalls erfüllt eine Hausmutter erst in der Bethätigung dieses Geistes den ihr in der Kirche für die Dienstboten zufallenden Beruf.

Eben sind neben den Dienstboten die Armen genannt. Kein christlicher Hausstand sollte ohne arme Leute, die ihm angehören, existiren. Die Hausarmen müssen Hausschätze werden. In dem christlichen Hausstande, der das Leben der Gottesfamilie in sich nachbildet, sollen diese Armen in einem andern Licht erscheinen, als bei der jetzigen öffentlichen Armenpflege; sie sollen der Familie, die in Christo steht, nicht Fremde, sondern Freunde, nicht eine Last, sondern eine Lust sein; sie sollen angesehen werden als Boten, in denen der Herr selbst erscheint. Denn in dem Armen, in dem Hungrigen kommt Er wirklich. Dies Licht, welches über die Armen und ihre Pflege ausgegossen ist, mindert nicht die Sorgfalt im Urtheil über ihre Würdigkeit oder Unwürdigkeit, sondern heiligt dasselbe und erzeugt statt einer blinden, verderblichen Gefühligkeit, wahre Gerechtigkeit im Geben und im oft nothwendigen Versagen, eine Gerechtigkeit, die allewege Liebe und Weisheit ist und bleibt. Dieser geheiligte Haus= und Familiendienst an den Armen ist wiederum recht eigentlich die Aufgabe der Hausmutter, und ein wichtiger Theil ihres hohen Amtes, der an diese Stelle still und verborgen, aber tief und heilsam selbst in das **öffentliche** Leben hineingreift, und — recht gethan —

bedeutsame Beziehung und bleibende Bedeutung für jede andere öffentliche, sei sie staatliche oder kirchliche Armenpflege enthält. Die Regeln, nach welchen jede wirklich genügende öffentliche Pflege der Armen zu verfahren hat, werden immer irgendwie vorgebildet sein in derjenigen Pflege, die vom christlichen Hause ausgeht, in welchem die Liebe, der Ernst und die Weisheit der Hausmutter die Seele der Liebespflege ist. In normalen Verhältnissen würde jegliche staatliche oder kirchliche Armenfürsorge nur die Fortsetzung und Ergänzung dessen sein, was in dieser Beziehung das christliche Haus und die Hausmutter in demselben wirkt. Jede öffentliche derartige Fürsorge soll ihre stärkste Kraft in diesen freiwilligen Liebesäußerungen der christlichen Familie haben; sie wird statt Armen- vielmehr Armuthspflege in demselben Maße sein oder werden, als die Familien in der Gemeinde dieses ihres Berufs an den Armen vergessen haben oder zur Erfüllung desselben unfähig geworden sind. Wäre dieses Normalverhältniß in unsern wirklichen Zuständen gar nicht oder nur zufällig oder nur sehr vereinzelt wiederzufinden, so läge darin nicht etwa nur ein Beweis vom Verfall des christlichen

Familienlebens, sondern zugleich ein mächtiger Anlaß, die Frauen energisch an die Höhe und Bedeutung auch dieses ihres Berufs für das christliche Gemeinwesen zu erinnern. Gott aber sei Dank, daß durch sein Wort in unseren Tagen so viele Frauen und damit zugleich so viele Familien auch über diese ihre Aufgaben wieder zur Klarheit gekommen sind. Dies stille verborgene Wissen und Thun der Liebe der christlichen Hausfrauen ist dem verborgenen Rieseln von Bächen vergleichbar, die, auf himmlischen Höhen entsprungen, Wiesen und Gefilde bewässern, auf denen noch viele herrliche Bäume und Früchte im öffentlichen Leben wachsen werden, wobei freilich vorausgesetzt wird, daß die, denen die Hut vertraut ist, die Zeichen der Zeit nicht übersehen. Dieses verborgene Thun und Arbeiten der Frauen an den Armen und für dieselben läßt sich nicht controliren, nicht zählen und summiren. Sie ist den Frauen, die sie von ihren Häusern ausgehen lassen, nicht befohlen, sie ist überhaupt nicht geordnet von Menschen, sondern ein großes Werk des Weltheilandes, der es, seit er vor zwei Jahrtausenden in die Welt gekommen, vom Weibe ausführen und von den christlichen Familien aus=

geben laßt.*) um so die Familien der Armen
wieder durch seine Diakonen-Gnade und Gabe zu
bauen. Die Frau, die ihren Beruf erkannt hat,
giebt mit ihrer Hand und ihrem Herzen an dieser
Stelle die thatsächlichste Antwort auf viele der
größten Fragen, welche die Gegenwart bewegen;
und was in Staat und Kirche von der Männer-
welt in heißem Kampfe noch erst errungen werden
soll, das hat in stiller, heiliger Pflege die Frauenwelt, sofern sie in Christo wahrhaft erneuert ist,
bereits schon als stilles Eigenthum wiedergewonnen.
Die Frau ist in dieser Hinsicht die vorarbeitende
Gehülfin des Mannes geworden, sie und ihr Haus
werden zum Abbild der Gemeinde und der heiligen
Ordnungen, die in dieser walten sollen. Wohl
dem Manne und seinem Geschlecht, wenn er neben
dem Weibe und in der Gemeinschaft mit ihm das
vom Apostel gezeichnete Abbild Christi ist oder
wird. Aber wohl auch der Gemeinde, die in solchem

---

*) S. darüber, wie über vieles auf diesen Gegenstand
bezügliche, das Ausführlichere in dem Gutachten des
Verfassers über Diakonie und dem Diakonen, das in
dem Jahrgang 1856 der Fliegenden Blätter des Rauhen Hauses von p. 327 bis 357 im Auszuge mit-
getheilt ist.

Dienst der Frauen eine Ordnung Gottes, ohne die eine christliche Gemeinde nicht bestehen soll und kann, erkennt und anerkennt. Solcher Dienst der Frauen in der Kirche, im Bunde mit dem gleichen Dienst der Männer, d. h. aber zugleich solche Stellung der Familien in der Gemeinde, solcher Bund zwischen der Gemeinde und deren lebendigen christlichen Häusern würde der Kirche eine Zukunft des Reiches Gottes anbahnen helfen, der wir jetzt nur erst hoffend entgegensehen dürfen.

Aber nun nöthigt sich die Frage auf, ob die Frau auch außerhalb ihres Hauses und Familienkreises einen Beruf für die Kirche zu erfüllen hat? Je zuversichtlicher mitunter diese Frage, und zwar von solchen, die das Interesse der Kirche oder das des Hauses vorzugsweise zu wahren beabsichtigen, verneint wird, je mehr die Gewissen christlicher Schwestern, die sich solcher Verpflichtung nicht entschlagen zu können meinen, vor einem Wirken der Frauen außerhalb der Familie gewarnt werden, desto gerechtfertigter ist es, wenn wir jene Frage hier nicht unberücksichtigt lassen. Die Antwort aber ist um so leichter und einfacher, nachdem wir uns im Vorhergehenden darüber ausgesprochen haben, daß der Beruf der Frau für die Kirche immer zunächst und zuerst der Bau des Reiches Gottes in ihrem eigenen Hause ist und bleibt. Wenn nun aber Niemand den Satz von dem Beruf der Frau für ihr Haus und ihre Familie bis zu der Spitze wird führen wollen, daß die Frau sich nach orientalischer Weise abgeschlossen halten müsse, so ist nicht abzusehen, wie sie außerhalb des Hauses die Noth des Lebens oder die Wirkungen des Reiches Gottes gewahren und sich nahe treten lassen, und doch dem gegenüber in eine absolute Passivität versinken könnte und dürfte. Solche Passivität wäre Heidenthum; Christenthum, Leben im Evangelio, ist Aktivität. Gesunder Glaube der Frauen muß sich, (wir werden sehen, in welchem Maße) auch außerhalb des häuslichen und Familienkreises bethätigen, sobald sich dazu ein gerechter Anlaß findet, der dem, dem Weibe ursprünglich gestellten Berufe nicht widersprechen kann.

Dem Manne ist in der christlichen Gemeinde als besonderes Amt das Regiment und die Verkündigung des Wortes vertraut. Hier hat das Weib zu schweigen. Aber dem Weibe, gleichviel ob

Frau oder Wittwe oder Jungfrau, gehört in der Gemeinde ein wesentlicher und eigenthümlicher Theil der Diakonie der freien Liebespflege. Dabei wird das Weib immer irgendwie an die Familie geschlossen oder als Gehülfin des Mannes zu wirken berufen bleiben. In dieser Stellung sehen wir das weibliche Geschlecht sogleich nach seiner Erneuerung in der apostolischen Zeit. Schon die Anordnungen der Apostel in ihren Gemeinden hinsichtlich der Frauen lassen darüber keinen Zweifel. Achten wir nur auf die Ehre, die den Wittwen und dem ganzen Wittwenstande in den ersten christlichen Gemeinden zu Theil wird. Der Apostel erinnert seinen Timotheus, (1. Tim. 5, 9. 10.) daß nur solche Wittwen jener ehrenden Auszeichnung theilhaftig werden sollen, welche ein Zeugniß guter Werke besitzen, welche Kinder (natürlich fremde) aufgezogen, Gäste geherbergt, den Heiligen die Füße gewaschen, den Traurigen und Betrübten in ihrer Angst Beistand geleistet haben. Wittwen und Waisen in ihrer Drangsal aufsuchen und ihnen ein Aufsehen der Liebe angedeihen lassen, — nennt der andere Apostel ganz allgemein, also die Frau keineswegs ausschließend, den reinen und unbefleckten

Gottesdienst. Und wenn der Herr bei den Seinen, die als Gottesfamilie in seinem Hause wohnen, darauf hält, daß sie die Hungrigen speisen, die Nackten kleiden, die Kranken besuchen, zu den Gefangenen kommen, wer wird behaupten, daß dies Gebot nur die Männer, und nicht auch die Frauen treffe, oder daß diese dies Gebot als ächten Gottesdienst nur dann erfüllen können, wenn sie es ausschließlich auf den Kreis ihrer Haus- und Familiengenossen beschränken? Oder müssen wir noch auf die Schaar der heiligen Frauen verweisen, die Christo in den Tagen seines Fleisches folgten und ihm von ihrer Habe Handreichung thaten, die also ihre Häuser und Familien, ja ihre Heimath verlassen hatten, um ihm zu dienen? Diese Frauen, von denen er sich dienen ließ, wären freilich, wenn es dessen noch bedürfte, ein unwiderleglicher Beweis, daß es einen christlichen Dienst des Weibes auch außerhalb der irdischen Familie, nämlich in der großen, von Christo selbst regierten himmlischen Familie giebt. Es ist aber in der That eine Gewaltthat gegen das göttliche Wort, wenn den Gewissen der Frauen, die dem Heiland ihr Leben jenseits der eigenen Familie zu widmen bereit sind, mit dem Verbot solcher Widmung harte Beschwerung zugefügt wird. Aber es bedarf auch nicht solcher buchstäblichen Beweise für etwas, das aus der Wahrheit und dem Leben der christlichen Liebe von selber folgt. Oder könnte ein Christ, sei er Mann oder Weib, Jemanden in seiner Noth lassen, wenn er im Stande wäre zu helfen? Sollte räumliche Begränzung das Maß einer Liebe sein können, die aus Gott stammt und darum keine andere Gränze kennt, als die, welche in ihr selber liegt? Aus dieser Gränze ergiebt sich gleichermaßen von selbst, daß die Frauen sich auf die ferner liegenden Dienste für das Reich Gottes nicht einlassen dürfen und sollen, so lange ihr nächster und erster Dienst für dasselbe Reich, nämlich der Dienst im eigenen Hause, darunter leiden würde. Denn solche Verletzung der Liebe würde eine mehrfache Versündigung sein, unter der jeder Dienst, sowohl der im Hause, als auch der außerhalb desselben, und namentlich das eigene Leben aus Gott Schaden nehmen müßte.

Von ganz anderer Seite aber, nämlich von Frauen selbst, kommt ein Einwand gegen diesen scheinbar weitabgelegenen Frauendienst. Wir können diesen Einwand freilich nur in so weit berücksich=

zigen, als er von selbsten Frauen ausgeht, die dem Namen des Herrn die Ehre geben und Genossen seines Kreises sein wollen. Wie außerordentlich oft aber hört man, gerade auch von solchen: zu dergleichen Arbeiten und Diensten fehle es den Frauen an Zeit. Freilich kann das der Fall sein, wenn nämlich ihre Zeit ganz ausgefüllt ist mit dem Dienst in der eigenen, in christlicher Gleichheit geordneten Familie. Die christliche Mutter kann, und besonders kann, wenn sie ganz auf sich allein angewiesen ist, im Kreise ihrer noch nicht erzogenen Kinder so sehr von der Verwaltung ihres Hauswesens in Anspruch genommen sein, daß wenigstens auf eine längere Reihe von Jahren für keine andere Arbeit jenseits des Hauses ein Raum übrig bleibt. Von Hausmüttern, die sich in solcher Lage befinden, haben wir natürlich nichts weiteres zu fordern. Aber wie verwenden solche Frauen ihre Zeit, die die Erziehung ihrer eigenen Kinder vollendet haben? Wie viele derselben folgen — um nur Ein Beispiel namhaft zu machen — einer Elisabeth Fry, die nach dem ersten Abschluß dieser ihrer häuslichen Pflichten ihre Arbeit z. B. für die Gefangenen begann? Und wie steht es vollends mit nur zu vielen anderen, denen entweder die Weisheit fehlt, ihren Haushalt nach einer höhern, göttlichen Oekonomie einzurichten, oder die, ob immerhin dem Evangelio befreundet, in ihr häusliches und gesellschaftliches Treiben jene Welt eingelassen haben, welche zuletzt jeden wahren Dienst am Reiche Gottes auch im eigenen Hause unmöglich macht oder doch droht, in denselben eine tiefe Unwahrheit zu mischen! So lange in solchen Häusern noch so viele Zeit übrig bleibt für die Bedürfnisse eines geistlosen Luxus, für jene Zeit und Leben raubende, fade Geselligkeit und die damit verbundenen, das innere Leben aus= höhlenden Gesellschaften, für nutzlose Handarbeiten und nichtiges Modegetriebe, für gehaltlose Lektüre und geistloses Geplauder, für Befriedigung einer leeren, zerstreuenden Vergnügungssucht, — so lange ist immer Zeit und bleibt auch Zeit, das viel Bessere zu thun, nämlich was der Herr zum Dienst der Armen und Betrübten gebeut. Er will nicht, daß seine Zeit, unsere Gnadenzeit, vergeudet, son= dern daß sie ausgekauft und erfüllt werde mit dem Werk der Liebe und der Gesinnung des Glaubens, der sich nicht begnügt, seine Liebe mit dem Munde zu bekennen, sondern fleißig ist, ihn mit der That zu bewahren. Gebe Gott solchen Häusern und Frauen, die sich seines Namens leicht vergeblich rühmen oder getrösten können, die heilsame Buße! — Wenden wir uns zurück zu denen, welche die Zeit zum Dienst der Barmherzigkeit außerhalb des Hauses haben oder zu finden wissen! Wir wollen auf einige dabei in Betracht kommende Punkte, wenn auch nur kurz, besonders hinweisen.

Im Anschluß an das, was oben über die Pflege der Haus- oder Familien-Armen gesagt ist, erinnern wir hier zunächst an die Hülfen und Mittel, derer sich die christliche Hausmutter bedienen kann, um ihre Wirksamkeit über die Schwelle des Hauses hinaus in die Häuser der Armen zu verpflanzen. Eine liebliche Handreichung der Art ist einer Hausmutter in ihren herangewachsenen Töchtern geschenkt; sie kann diese ihr anvertrauten Jungfrauen zu Sendboten und Gehülfinnen ihrer Liebe gegen die Armen heranziehen, und soll sie mit der Liebe die dazu nöthige Weisheit lehren. Die Uebung und Gewöhnung, in leidende und bedürftige Familien den Trost oder Rath der eigenen, helfenden Familie zu bringen, würde den jungfräulichen Töchtern eine gesegnete Schule für den künftigen eigenen Beruf als Hausmütter werden; das Gegenbild ihres eigenen Familienglückes würde sie lehren, das ihnen und den Ihrigen zu Theil gewordene Gut der Gnade und Wohlthat Gottes desto dankbarer zu schätzen und zu preisen. Vor wie vielen eitlen Abwegen würden auf diesen Wegen die Töchter eines christlichen Hauses bewahrt werden, und wie viel heiliger würde ihnen der Ernst des Lebens zum Bewußtsein kommen, wenn sie auch auf diesen Wegen an dem Beruf der Mütter einen Antheil erhielten!

Eine andere Hülfe zur Pflege der Armen außerhalb des eigenen Hauses finden die Frauen unserer Tage in den christlichen Vereinen; in denselben ersetzt das Zusammenwirken Vieler den Mangel, von dem die vereinzelte Kraft, gegenüber der allzugroßen Noth, sonst so leicht erdrückt wird. Durch eine einzige persönliche Bemühung, durch den oft nur geringen Beitrag einer verhältnißmäßig geringen Handreichung wird es im Anschluß an diese Verbindungen möglich, armen Kindern Erziehung, bedürftigen Kranken eine gedeihliche Pflege, zu Grunde gehenden Familien eine bleibende Abhülfe zu verschaffen; dem Gliede einer solchen größeren Ver=

bindung wird es auch um so leichter möglich, mit Erfolg weitergehende eigene persönliche Dienste zur Ausführung zu bringen. Wir denken hier insbesondere an christliche Frauenvereine zur Armen- und Krankenpflege. In ihnen haben sich Hausfrauen, ohne ihre erste Hauspflicht zu versäumen, mit andern Frauen und Jungfrauen, die selbstständig genug sind, um sich solcher Liebesarbeit zu widmen, zu gemeinsamen Liebesarbeiten verbunden. Was Vereinigungen und Gesellschaften von Frauen im Lauf der christlichen Geschichte überhaupt gewirkt haben, ist so Vielen bekannt, daß es hier nicht wiederholt zu werden braucht. Ich will nur auf das eine charakteristische Kennzeichen dieser vereinten Frauenthätigkeit in unsern letzten Jahrzehnten verweisen. Mit großer Klarheit und einem sichern Takt haben sich diese Frauenkreise recht eigentlich die Aufgabe gestellt, auf die Wiederherstellung des Familienlebens in der Armenwelt hinzuwirken. Die Armenpflege dieser Frauenvereine ist wesentlich christliche Familienpflege. Indem die Frauen diesen Weg betreten, sind sie in ihrem eigensten Berufe. Sie verwenden von dem Gut ihrer Liebe denjenigen Theil, welchen sie über den eigenen nächsten Bedarf hinaus empfangen haben, nicht für einen fremdartigen Zweck, sondern zur Verwirklichung ihres eigentlichsten Lebenszweckes, der seinen Mittelpunkt in der Familie hat. Werfen wir von dieser Stelle noch einmal einen Blick auf die von Frauen geübte Armenpflege. Das Wesentliche aller, und namentlich jener ehrenhaften Armuth, von welcher der Herr sagt: Arme habt ihr alle Zeit bei euch! — besteht meistens darin, daß die Familie sich nicht mehr selbst erhalten kann. Die rechte Hülfe ist deswegen nicht die atomistische, welche nur dem Vereinzelten als solchem, sondern die organische, welche der ersten natürlichsten Gliederung, die Gott für den Einzelnen von der Geburt geordnet hat — und das ist die Familie, eine kräftige Unterstützung bietet. Es gilt den familienlosen Armen, sei er Kind oder Greis, wiederum der Familie zuführen und ihn in ihr einbürgern. Die kräftigste und gesegnetste Hand aber, diesen Dienst zu versehen, ist die vom Herrn dazu bestimmte Hand der Frauen; die weiseste Liebe und feinste Liebeskunst, die Familie wieder herzustellen, ist die christliche Frauenliebe. Die Frauen bleiben demnach in Beweisung dieser Liebe ganz in ihrem regelmäßigen Dienste. Dabei begründet es keinen wesentlichen Unterschied, ob Frauen sich einzeln oder in Gemeinschaft mit andern solche Pflege angelegen sein lassen. Wo die Verhältnisse es möglich machen, erfüllen Mütter und Töchter, Frauen und Jungfrauen eine durch unsere Zeit und Nothverhältnisse gebotene Pflicht, wenn sie sich zur Erweiterung ihres häuslichen Berufs solchen Vereinen anschließen oder irgendwie deren Wirksamkeit fördern. Darauf gründet sich auch das viel geübte Recht der Frauenvereine, zu mahnen und zu bitten, daß diejenigen Reichsschwestern, die noch müssig am Markte stehen, ihnen zu Hülfe kommen, und mit ihnen an dem großen Netze des Himmelreiches ziehen.

Aber der Beruf der Frauen läßt sich von dieser Stelle aus auch noch nach andern Richtungen hin verfolgen. In einer Familie, in der das Reich Gottes in That und Wahrheit erstrebt und gepflegt, in der seine Zukunft geliebt, das Wort Gottes mit seinen Verheißungen lebendig geglaubt, gelesen und gelebt wird, in der also Christus eine Gestalt gewonnen hat, in einer solchen Familie werden die Herzen reich in Gott und geht der Blick weit hinaus in Regionen des Lebens und der Hoffnung, von der die Welt, der das Reich Gottes unbekannt ist, nichts ahnt und weiß. In der Stille eines solchen Hauses scheint ein helles Licht, das weit hindurch leuchtet durch die Finsterniß und das Geräusch der Welt. In solchem Hause, das ein Haus Gottes geworden, ist und wird immer auf's Neue ein Leben und ein Lieben geboren, das hinauswirkt bis an die Enden der Erde und bis an die Gränzen ihrer Geschichte. Das Herz solcher Familie ist in Christo verschlossen und verborgen, aber ist in ihm zugleich weit geöffnet und offenbar; der Blick reicht hier zugleich in die Enge und Weite, in die Tiefe und Höhe, und schaut den Segen, der das große Geheimniß aller Liebe begleitet. Wohnt doch in solchem Kreise ein König, der König des Himmelreiches, der lebendige Lebensfürst, der die Genossen des Hauses zu seinen Hausgenossen, ja zu seinen Kindern und Erben erkoren. Die Familie, die sich unter diesem ewigen Haupte weiß, ist eine Königsfamilie mit Königskindern und Erben eines ewigen Reiches. Ueber solchen Häusern ist der Himmel geöffnet, in welchem Der wohnt, der vom Himmel gekommen, um die Welt zu versöhnen mit seinem Blute, der zum Vater zurückgekehrt ist, um alle Welt, die an ihn glauben will, seiner Gnadengüter und ewigen Herrlichkeit theilhaftig zu machen. Und diese so reich sich offenbarende, aus Gott geborene, in Gott und von ihm gepflegte Liebe in solcher häuslichen Kirche sollte nur ruhen können und nicht zugleich nach außen wirken und frische Saaten und lebenbringende und lebenerhaltende Früchte treiben? Wo diese Liebe ist, da sollten nicht mit den Herzen zugleich allerlei Gaben und Opfer dem Herrn dargebracht werden, um das Reich dieses Gottes, dessen Seligkeit und Frieden dort erfahren wird, auf Wegen, die er dazu gebahnt hat, auszubreiten und das Reich des Friedens und der Liebe auch denen zu vermitteln, die es bis dahin nicht erkannt, die seine Segnungen bis dahin nicht erfahren haben?

Alles, was hier über die weithin strahlende Herrlichkeit des christlichen Hauses gesagt ist, läßt sich zusammenfassen in dem Einen Wort, daß in demselben die Mission, die äußere sowohl als die innere, eine gesegnete und segnende Stätte gefunden. Das christliche Haus wird dadurch zugleich zur rechten Schatzkammer für die Kirche und alle ihre Werke der Barmherzigkeit. — Auf diese Gaben und Opfer des Hauses und die Darbringung derselben unter der Mitwirkung, namentlich der christlichen Frauen, wollen wir schließlich noch das Augenmerk richten.

Was die äußeren Gaben betrifft, so müssen alle diejenigen, welche das Reich Gottes und seine Geschichte in unsern Tagen kennen, und welche begnadigt sind, dasselbe, sei es durch Ausbreitung der Predigt oder in sonstigen Glaubensunternehmungen, zu bauen, Zeugniß geben, daß sie dabei vorzugsweise immer wieder auf die Beihülfe der christlichen Frauenwelt hingewiesen sind. Es soll und darf dabei nicht verkannt werden, wie vielfach auch bei Männern die Erkenntniß der Gnade in Opfern und Handreichungen mannigfacher Art lebendig und fruchtbar geworden. Aber läge das bis dahin verschlossene Buch der Geschichte, welche das Innere der Beweggründe und Anregungen zu dem, was Männer in dieser Beziehung thun und wirklich opfern, vor uns aufgeschlagen, wie oft — wenn freilich keineswegs immer! würden wir die bis dahin nur Gott bekannte, direkte und indirekte Mitwirkung der Frauen auch bei diesen Thaten der Männer gewahren! Und außerdem ist offenkundig, wie viel die erfinderische, sorgende, opferwillige Scherflein sammelnde Liebe der christlichen Frauenwelt geleistet hat und fort und fort leistet, um der Kirche zur Förderung des Reiches Gottes kleine und große Mittel zuzuführen. — Aber das Reich Gottes bedarf noch viel größerer Gaben und Opfer, als diese äußeren sind, — es bedarf vor Allem, daß sich ihm lebendige Menschen, Arbeiter und Arbeiterinnen widmen, die auf dem großen Ackerfelde, das reif zur Ernte geworden, die Sicheln führen. Wir haben anderwärts vernommen, wie sehnlich und mit wie großem Recht die Kirche nach männlichen Arbeitern aus allen Ständen verlangt. Aber wäre in der reichen schweren Erndtearbeit das Bedürfniß minder groß, das in rechter Weise allein durch weibliche Arbeiterinnen befriedigt werden kann und soll? Thut es nicht noth, ernstlich daran zu erinnern, daß die Frauen auch nach dieser Seite hin einen hohen Beruf für die Kirche zu erfüllen haben? Ohne Zweifel ist es vor allen Andern die christliche Mutter, die in ihren Söhnen und Töchtern diejenige Liebe zur Kirche erwecken kann, in welchen die Jünglinge und Jungfrauen nicht bloß Habe und Gut, sondern sich selbst, das eigene Leben und Lieben dem Herrn willig zum Opfer bringen.

Das setzt freilich bei der Mutter eine zarte, heilige, mütterliche Liebe zur Gemeinde, die der Herr sich zu seiner Braut erkoren, voraus. Aber wenn dann christliche Mütter in dieser ihrer Liebe das Elend, die Schmach und die Verwüstung der heiligen Gottesstadt sehen, und den Ruf des Herrn zum Baue seines Zion vernehmen, — wie heilig wird ihnen dann der Dienst des Herrn als ein Dienst für ihn, den Herrn in seiner Gemeinde erscheinen! Und wenn die Augen und Herzen der Mütter im Heiligthume Gottes von der Gefallsucht an ihren Söhnen gereinigt sind, wenn sie für dieselben nicht mehr Ehre bei den Menschen und vergängliche Güter der Welt erstreben, sondern die Gnade Gottes erflehen und mit offenen, geläuterten, einfältigen Augen die ihren Söhnen verliehenen Gaben erkennen und im Gebet die rechte Weihe zur rechten Erziehung dieser Kinder empfangen haben, — wie nahe liegt es dann, daß solche Mütter aus allen Ständen in ihren Söhnen auch rechte Arbeiter für die Kirche werben, sie im Stillen unter Gottes Hut stellen und unter dem Beistand des heiligen Geistes zum Dienst in der Kirche bereiten, bis das eigene Herz des Jünglings gewiß und klar wird über das, was die Mutter im Gebet und unter

Gebet für ihn und in ihm vom Herrn erlangen. Wenn in andern Kreisen mit Recht auf Gymnasien und Universitäten hingewiesen ist, als von wo tüchtige Arbeiter für Gottes Reich zu erzielen seien, so dürfen wir hier neben jene hohen geistigen Anstalten mit gutem Recht die Mütter in ihrer stillen Liebe und ihrem verborgenen Gebet als vom Herrn geweihete Priesterinnen nennen, die noch früher und erfolgreicher, als jene, wenn auch nimmer ohne jene, in den Stand gesetzt und in demselben Maß verpflichtet sind, dem Herrn eine Schaar von Dienern im Chor des Lebens zu gewinnen.

Dasselbe ist der Fall mit Dienerinnen und Arbeiterinnen, deren die Ausbreitung des Reiches Gottes diesseits nicht entbehren kann. Es ist in unseren Tagen darin ein Großes geschehen, daß auch in der evangelischen Kirche wieder Frauen zu solchem Berufe gesammelt sind. Es sind neue, zarte aber doch schon kräftig erstarkte, reich gesegnete Pflanzungen im Garten der Kirche, in denen bereits Schaaren von Frauen und Jungfrauen das Werk des Herrn meist in stiller Verborgenheit thun. Wir denken an das Opfer des Lebens so vieler, die im Dienste der Heidenmission als Gehülfinnen der Männer und zugleich als Dienerinnen Christi, ihr

Leben gering gachtet haben und dem Herrn nach=
gefolgt sind. Wir denken an den neuerweckten
Diakonat chriſtlicher Frauen in unſerer Kirche, an
jene weiblichen Stiftungen des Glaubens zur Er=
ziehung von Kindern in Schulen und Häuſern, zur
Pflege von Armen und Kranken in Gemeinden und
Hoſpitälern, an Genoſſenſchaften, wie die, die in
Kaiserswerth ihren Lauf begonnen, oder zu Nonnen=
weyer und Droyſſig ihre Heimath haben; das ſind
lebendige Zeugen dafür, daß der Herr wieder ein
Neues für die Frauenwelt angefangen. Wer kann
den Mutterſegen zählen, der auf dieſer Schaar ge=
ſegneter Arbeiterinnen ruht? Sollten chriſtliche
Mütter ſich der Pflicht entziehen, ja ſich und ihre
Häuſer des Segens berauben dürfen, ihre Töchter
wenigſtens mit dieſen Berufen bekannt zu machen,
um in ihnen die Gaben zu ſolchem oder ähnlichem
Dienſt zu wecken? Und dürfen chriſtliche Jungfrauen,
die ſonſt keine Verpflichtungen haben, ohne Weiteres
ſolche Erſcheinungen an ſich vorübergehen laſſen,
ohne ſich die Frage gewiſſenhaft zu beantworten,
ob der Herr nicht auch ſie zu ſolchem Wirken bereit
ſehen will? Alles was bis hierher vom Berufe der
Frauen in der Kirche geſagt worden iſt ein Zeugniß,
daß wir das allgemeine Prieſterthum für die Frauen

in Anspruch nehmen, ist ein Protest gegen den Wahn, als ob das Leben nur in geschloßenen Berufskreisen dem Reiche Gottes gewidmet werden könne. Wir wollen also mit unserm Chor diesen Wahn nicht nähren. Aber wir möchten auch sein Widerspiel, das Vorurtheil gegen solche besondere Berufe, und zugleich die Unkunde über die neuen Wege, die Gottes Hand für die ihm gläubig anhangende Frauenwelt bereitet, zerstreuen helfen, und durch das vorgehaltene Bild mit seinen Aussichten und Verheißungen immer mehrere bewegen, sich dem Zuge der Dienerinnen in diesem oder jenem Chore anzuschließen.

Ein sehen am Schluß des Gemäldes, das uns den Beruf der christlichen Frauenwelt, wenn auch nur in einigen Hauptzügen, aber doch mit lichten Farben aus dem Reichthum des himmlischen Evangeliums gezeichnet hat. Wir haben in die Höhen der Gottesliebe, die sich in den Schoos der Frauenwelt niedergesenkt, und die neugebornen Menschenfamilien unter die Hut und Pflege der wiedergebornen Mutterliebe gestellt, geschaut. Wir haben diese mütterliche Liebe, die das Reich Gottes in der Familie baut, als den eigentlichen Zweck des Frauenlebens erkannt; wo es auch erscheinen mag, ist es in die Familie ein- oder an die Familie angeschlossen, hat irgendwie in der Pflege der Familie einen mütterlichen Beruf unmittelbar zu erfüllen oder irgendwie zu unterstützen und zu fördern; wird das Frauenleben von diesem Familienleben irgendwie abgetrennt gedacht, so entartet es in irgend einer Weise. Frau und Jungfrau haben beide einen wesentlichen Antheil zur Lösung dieser ihnen verordneten Aufgabe; die sie in jedem Moment ihres Lebens an die höchsten Ideale gottmenschlicher Liebe, die in Christo allein offenbar worden, knüpft, die das Geringste im irdischen Leben in einen hellen Spiegel des Größten und Herrlichsten im himmlischen Leben verwandelt. Indem wir den Leserinnen selbst überlassen, diese Gedanken selbstständig weiter in ihren Herzen zu bewegen, könnten wir hier unsere Betrachtungen schließen. Allein es bleibt uns noch ein Blick auf ein Gegenbild unseres Gemäldes übrig, das der außerchristlichen Wirklichkeit angehört, und sich mit solcher Macht hervordrängt, daß wir ihm wenigstens einen Augenblick noch Stand halten müssen. Hören wir etliche der Fragen und Bedenken, die von solchen aufgeworfen werden, welche diesen Gegensatz, der in der Frauenwelt, durch den Glauben der Einen und den Unglauben und Nichtglauben der Andern beschauet ist in's Auge fassen, und diese (zweifache) Frauenwelt mit einander vergleichen. Wie gering, so fragt wohl Mancher, ist doch die Zahl solcher gläubigen Frauen! Wie wenige sind solcher gläubigen Familien, deren Bild uns hier gezeichnet worden! Wie verschwindet doch all die Herrlichkeit, von der wir gehört haben, im Blick auf die ungeheure Menge von Frauen und Familien, die dem Geiste dieses Lebens und Dienstes für den Herrn völlig entfremdet sind! Bringen uns, so sagen Andere, solche Verhandlungen nicht in die Gefahr, daß wir uns über Phantome oder ganz einzelne Ausnahmen, die Angesichts der weiten, mächtigen Wirklichkeit wie ein Nichts zerstieben, in thörichter Weise ergötzen? Wie ohnmächtig ist doch die Kraft des Evangelii in unserm kirchlichen Gemeindewesen geworden! Ist es nicht Thatsache, daß gerade der Ruin des weiblichen Geschlechts und deswegen die Auflösung der Familien und die Familienlosigkeit die große, schwere Krankheit geworden, an der unser Geschlecht leidet, und an der es zu Grunde zu gehen droht? — Darauf können wir zunächst erwiedern, daß ein Blick in das Große und Ganze der christlichen und auch unserer gegenwärtigen christlichen Welt freilich überzeugen muß, daß wir nicht etwa von erträumten Idealen geredet, sondern daß wir von wirklich gewordenem, **vorhandenem** Glaubensleben Zeugniß gegeben haben. Dies Alles freilich, was uns erfreut, wäre nur ein gar Geringes, wenn es erlaubt wäre, das Große und Wahre im Reiche Gottes nach Zahlen und nach seinem äußeren Umfange zu messen. Sein Maß ist aber die Gnade und Herrlichkeit Gottes, die im menschlich Unscheinbarsten und Geringsten immer ihr Größtes und Herrlichstes wirkt; denn sie ist eben Gnade, Gottes Gnade, Gottes That und Gottes Werk in dem sündigen Menschen — und in diesem Fall um so größer und herrlicher, je begründeter das ist, was so eben als die Nachtseite unseres gegenwärtigen Geschlechts aus dem Hintergrunde hervorgetreten. Gehen wir deßwegen auch den Bildern dieses dunkeln Hintergrundes nicht aus dem Wege. Ja treten wir um so ernster und glaubensmuthiger an sie hinan! Je schärfer wir sie ansehen und durchmustern, desto heller wird nicht bloß der wahre Beruf des Weibes in der Gemeinde Gottes hervorleuchten, sondern desto mehr wird sich auch der Beweggrund vertiefen, die Gnade zu preisen, die dem Weibe in Christo wieder zu Theil geworden, desto wichtiger wird uns die Pflicht erscheinen, daß die Frauen, die ihren Erlöser erkannt haben, in ihrem Dienste am Reiche Gottes alle Treue beweisen und in Liebe auch für die noch erstorbene Frauenwelt immer reicher werden.

Wenn uns das Bild der erlöseten Frauenwelt und ihres Wirkens wie Lichtgestalt entgegentritt, so verhüllt sich dagegen unser kirchliches Volksleben in nächtliche Finsterniß, die nur an wenigen Stellen erhellt ist. Diese Finsterniß hat gerade darin ihren tiefsten Grund, daß sich unsere Frauenwelt bis dahin in so geringem Maße ihres hohen und heiligen Berufes bewußt geworden. Wir sollen hier das Bild nicht aufrollen, das uns aus den tausendfachen Zerrüttungen des Familienlebens entgegentritt, die in dem Geist der Friedlosigkeit und der Fleischeslust, in dem Geiz, dem Widerwillen gegen Gottes Wort und Werk, und allem Widerspiel des Reiches Gottes ihre letzte Wurzel haben. Wo die Gottesgemeinde im Hause fehlt, da löst sich auch die Familie auf, und wo das heute noch nicht sichtbar wäre, da wird der morgende Tag es lehren. In diesem Betracht eröffnet sich für Jeden, der sich das Auge nicht durch Schein blenden läßt, ein erschreckender Abgrund, an dem wir wandeln. Hülfe giebt es hier keine — wenn nicht bei Christo; bei ihm und in ihm aber ist die Hülfe gewiß. Er fordert Umkehr, Rückkehr zu ihm, Aufnahme seines Wortes, seiner Liebe, Wiederherstellung der göttlichen Ordnung zur Tilgung der heillosen Unordnung. Er ruft zum Krieg gegen den Feind, der die Häuser und Familien und damit auch die Frauenwelt in unserem Volke so tausendfach verwüstet hat und noch verwüstet. Achten wir auf nur einige **Symptome** dieser Verwüstung.

Ich nenne zuerst das **Sonntagsleben** unseres Volkes. Was für ein Bild der Kirchenzertrümmerung erneuert sich doch allwöchentlich an jedem Tage des Herrn. — Es giebt in unserm nahen Norden ganze Kreise von Landgemeinden, in denen hunderte Mal in nur Einem Jahre gar kein Gottesdienst mehr zu Stande kommt, weil sich kein Glied der Gemeinde im Gotteshause einfindet. Und das sind nicht bloße Ausnahmen, diese Fälle kommen häufiger vor, als man es laut werden läßt. — Und wo die äußere Kirchlichkeit erhalten ist — welcher Tod herrscht hundertfach in solchen Gemeinden! Nicht besser steht es mit dem Gottesdienst in unseren **Städten**, wenn wir nicht einzelne Kirchen, die Ausnahmen bilden, sondern die Zahl der getauften Christen in den Stadtgemeinden mit der geringen Zahl derer vergleichen, die den Feiertag heiligen, d. h. die Prediger und sein Wort gern hören und lernen! Wo bleibt da unser Ruhm? Dieses Verlassen unserer Versammlungen weist auf das Verlassen und Aufhören des göttlichen Lebens in den Familien unmittelbar zurück. Wie ist das Familienleben in allen jenen Häusern geartet, für die es keine Sonntage als Tage des Herrn mehr giebt? Wenn dagegen in unseren Städten rund umher Sonntags Hunderte von Orten der Lust geöffnet stehen, wohin Tausende strömen, Männer, Weiber, Kinder, Jünglinge und Jungfrauen, Herrschaften und Dienstboten, so sind das fast eben so viel öffentliche Zeugnisse, wohin wir in unseren Christenlanden mit unserem christlichen Familienleben gerathen sind. Die bei weitem Meisten in diesen Schaaren finden im Kreise ihrer Hausgenossen keine Genüge mehr, das Leben unter denselben ist nicht mehr ihre Lust und Freude; die Glieder der Familie, Eltern, Kinder und Dienstleute sind innerlich von einander losgelöst, denn das Fundament der Familie, die Gemeinschaft mit dem Herrn, ist gewichen und zusammengebrochen. Der Sonntag sollte der wahre Familientag sein, er ist dessen Gegentheil geworden. Darum wirkt dieses glaubens- und lieblose Sonntagsleben, statt zur Erbauung und Begründung der Familie, vielmehr zur fortgehenden Auflösung derselben und ist eine Entweihung der doppelten göttlichen Stiftung des Sonntags und der Familie.

Ein anderes Symptom der Zerrüttung der Familie ist die Menge derjenigen Dienstboten, die familienlos unter uns einhergehen. Als vor einigen Jahren in der größten nordischen Handelsstadt Deutschlands die Zahl der fremden Dienstmägde ermittelt wurden, fanden sich deren daselbst an 8000; sie waren daselbst aus Holstein, Mecklenburg, Hannover und anderen Nachbarstaaten eingewandert. Die Zahl derselben in Berlin ist noch bei weitem größer. Dies Geschlecht von Dienstboten hat in den großen Städten weder Vater noch Mutter; es fehlt ihnen jede, gesellschaftlichen Werth habende Gemeinschaft in einer Verwandtschaft oder Freundschaft, sie haben keine Ahndung von einem kirchlichen oder christlichen Anhalt, der jenen Mangel decken könnte. Was sie in die Städte treibt, ist meist nur die Gier nach Geld, nach größerem Verdienst, als ihnen das Land bieten könnte. Unsere großen Städte sind ein Krater, der einen großen Theil des weiblichen Geschlechts verschlingt und dem Unterganze weiht! Wir müssen davor schweigen; allein ob auch nur vorüberstreifend, müssen wohl an Eines erinnern, an die dunkle Geschichte so Vieler, die der neu geborenen Kindern die Stelle der Mutter zu ersetzen haben. Welch' eine Aufgabe stellt sich hier für die christliche Familie heraus, wie ernst werden durch diese Betrachtungen die Hausmütter gemahnt, sich die Frage zu beantworten, ob sie diese Lage ihrer Dienstboten in Betracht gezogen, ob und wie sie ihren aus dem Glauben fließenden Verpflichtungen gegen ihre Dienstleute nachgekommen sind?

So viel lieber wir davon schweigen, müssen wir doch an die ungeheure Zahl der schon mit der Geburt bedeckten Kinder, der unehelich Geborenen, erinnern, an diesen Gräuel, den Gott richten wird, für den er alle die verantwortlich gemacht hat, die ihn irgendwie verschulden! Wenn in einem süddeutschen, meist katholischen, Staate die Hälfte der Geborenen nicht mehr die Ehre und den Segen einer rechtmäßigen Geburt genießt, so sind in einem kleinen ganz protestantischen norddeutschen Nachbarlande vor kurzem Hunderte von Ortschaften bekannt geworden, in denen zwei Drittheile der Kinder des Segens einer ehrenhaften Geburt beraubt zu bleiben pflegen. Ist das nicht wie Heidenthum?! In großen

Städten, wie Hamburg und Lübeck, finden wir dann keinen geringen Theil der so Geborenen als Dienstboten wieder. Ist es ein Wunder, wenn aus solchem Geschlecht ein folgendes nachwächst, das mit gleicher Unehre in die Welt eintritt? Das sind die familienlosen Christenmenschen, aus deren Kreisen in unseren großen Städten zu Haufen die Menge der meist so unglücklichen Frauenzimmer hervorgehen, die je länger, desto mehr sich auch nicht einmal mehr dem Halt und der Zucht eines ordentlichen Dienstverhältnisses unterwerfen, sondern sonstwie als Handarbeiterinnen selbstständig wohnen, oder nur unter dem schlechtverhüllten Scheine eines ehrbaren Gewerbes zuchtlos und leichtfertig einhergehen. Ich will nur wie unter einem Schleier unseren Augen dasjenige Geschlecht von Frauen vorführen, das die tiefste Schande sein Gewerbe sein läßt, und sich selbst entwürdigt hat ein Auswurf der Menschheit zu werden. Durch fast ganz Deutschland hin und her sind sie die Sündenwaare auf einem großen Sklavenmarkt, der in unserer Nation von den östlichsten Grenzen her bis zu den Städten Mittel- und Norddeutschlands von den Sklavenhändlern gehalten wird. Die Sprache versagt den Dienst, vor keuschen Ohren von diesen Dingen weiter zu reden. Was und hier sogar ist ärger als Heidenthum — und manches ein Zustand unserer Christenheit! In derselben ist noch heute ein großer Theil des weiblichen Geschlechts in demselben Abgrund begraben, aus dem der es erretten wollte, dessen Stern über Bethlehems Hütte und der heiligen Familie in ihr aufging. Nur die Andeutung findet hier eine Stelle, die sich in jenem Schönheitsgefühl, der sich dieser heiligen und heiligenden Liebe des Weiblichen entzieht, eine Feindschaft gegen Gottes Gnade bethätigt, in der das Geheimniß der Bosheit wie in geheimnißvollem Schooße reift. Es wird aber ein Tag offenbar werden, wo auch dieses Babel fällt und gerichtet wird, und die Braut vom Himmel im heiligen reinen Schmuck zugleich als die volle Offenbarung der Herrlichkeit des erlösten Weibes erscheint!

Unser Trost soll bleiben, daß der Glanz des ersten, heiligen Lichtes, das in jenen ersten Tagen des Herrn über der finstern Menschenwelt aufgegangen, noch heute in gleicher Herrlichkeit leuchtet. Es entsendet auch für uns noch im Wort von der Versöhnung verheißungsvolle Strahlen über die Finsterniß, an deren Tiefe wir so eben vorübergezogen, deren verderbende Macht noch so viele Frauenherzen bedeckt. Danken wir Gott deßwegen für solchen Trost und für das Heil, daß er Allen, auch allen Töchtern Eva's, der Mutter der Lebendigen, bereitet. Alle die, welche er aus der Finsterniß errettet, die sein Heil erkannt, die sich für seinen Dienst in seiner Gemeinde haben bereit finden lassen, sollen sich kräftigen lassen mit der Macht seiner Stärke, damit sie unter seiner Hut aushalten und Fleiß thun auch zur Errettung derjenigen ihres Geschlechtes, welche ihn und seine erlösende und heiligende Liebe noch nicht erkannt oder wieder verloren haben.

Darüber wallte Gott in Gnaden! Er schaffe, daß geschehe, was ihm gefällig ist, und vollendet werde, was er verheißen hat.

.